# HISTOIRE JUNIORS

collection sous la direction
d'Alain Plessis
Maître-assistant à l'Université de Paris-VIII

# LA GUERRE DE 39/45

texte de Jean  Mathiex
illustrations de Daniel Picard

Hachette
79 bd Saint-Germain 75006 Paris

# vers la guerre

Après 1930, l'Europe sombre
dans une terrible crise économique.
En 1932, l'Allemagne compte sept millions
de chômeurs. Aussi, les Allemands
n'ont-ils plus confiance dans le régime
républicain établi en 1918.
Son principal adversaire devient le parti
**nazi** dont Hitler est le chef. Ses discours
et sa propagande électrisent les foules.
Arrivé au pouvoir en 1933, il jette
dans les camps de concentration
ses adversaires politiques, en particulier
les communistes, et dote l'Allemagne
d'une armée gigantesque.
Ni la France, ni les autres États
bientôt menacés par l'Allemagne,
ne savent coordonner leur action.
L'audace d'Hitler croît avec ses succès :
l'Italie de **Mussolini** devient son amie,
le Japon également ; coup sur coup,
à partir de 1938, l'Autriche est à lui,
puis la Tchécoslovaquie, abandonnée
par la France. Dans l'été 1939,
la Pologne est menacée à son tour ;
la France et l'Angleterre ont promis
de la défendre ; à la hâte elles essaient
de nouer avec l'U.R.S.S. une coalition
antihitlérienne. Hitler est le plus habile :
à la surprise de tous, il conclut
avec Staline le **pacte germano-soviétique.**
Une semaine plus tard, le 1<sup>er</sup> septembre 1939,
son armée entre en Pologne.
La France et l'Angleterre déclarent
aussitôt la guerre à l'Allemagne.

**Nazi**
Abréviation allemande de deux mots « National Socialiste » désignant le parti dont Hitler devient le chef.

**Benito Mussolini (1883-1945)**
D'origine modeste, Mussolini adhère d'abord au parti socialiste. Il devient en 1918, le dirigeant du « parti national fasciste », qui s'empare du pouvoir en octobre 1922. Il reste à la tête de l'Italie jusqu'en 1943. La défaite lui fait perdre alors le pouvoir. Des partisans antifascistes l'exécutent en 1945.

**Pacte germano-soviétique**
Traité « d'amitié et de non-agression » conclu le 23 août 1939 entre l'Allemagne hitlérienne et l'U.R.S.S.

**A Nuremberg, lors d'un congrès du parti nazi** ➤
*Dans le stade immense, construit pour glorifier les manifestations de propagande de son régime, Hitler réunit périodiquement des foules colossales qui, fascinées, l'écoutent parler.*

# vers une Europe nazie ?

Les chefs de l'armée allemande ont mis au point de nouvelles méthodes de combat qu'ils appellent la **Blitzkrieg.**

Aux **Panzers,** troupes blindées et motorisées, supérieurement équipées et entraînées, sont confiées les percées profondes par surprise, qui désorganisent le front ennemi. La guerre éclair donne à l'Allemagne deux ans de triomphes militaires : la Pologne est conquise en moins de quatre semaines, et son territoire partagé avec l'U.R.S.S. Au printemps 1940, les Allemands s'emparent du Danemark et de la Norvège. Puis le 10 mai 1940, ils se ruent contre la France. Celle-ci a mis toute sa confiance dans une puissante fortification, la ligne Maginot. Les Allemands l'évitent et envahissent la Hollande, écrasée en cinq jours, et la Belgique, écrasée en dix-huit jours. Un mois plus tard, l'armée française a subi le même sort. Le 25 juin 1940 un **armistice** met fin aux combats ; près de deux millions de soldats français sont prisonniers, et les trois cinquièmes du territoire national sont occupés par l'ennemi. Le reste forme la zone non occupée, avec un gouvernement dirigé par le maréchal Pétain, à Vichy, mais très surveillée par les vainqueurs. Le triomphe allemand se poursuit en 1941 : au printemps, la Yougoslavie et la Grèce sont conquises. Le 22 juin 1941, l'U.R.S.S. est attaquée à son tour.

**Blitzkrieg**
Mot à mot : « guerre éclair ». Opérations militaires à base de « Panzer » et d'aviation conduisant à une victoire rapide.

**Panzer**
Mot allemand signifiant « engin blindé ». Équivalents : char, tank.

**Armistice**
Accord mettant fin aux opérations militaires entre États en guerre.

**Un Stuka**

**La Blitzkrieg en France en mai-juin 1940** ➡
*Après que des bombardiers en piqué eurent écrasé sous leurs bombes un village qui flambe, les chars allemands foncent en avant. Des fantassins, spécialement entraînés, les appuient.*

# l'Angleterre résiste

Au milieu de 1940, rien ne paraît pouvoir résister à la puissance militaire de Hitler. Rien, sauf l'Angleterre.
La France écrasée, **Churchill,** Premier Ministre anglais, déclare immédiatement que l'Angleterre poursuit la lutte.
Sans doute est-elle seule ;
mais sur la mer qui l'entoure, règne toujours la **Royal Navy.**
Son aviation, la **R.A.F.,** qu'elle a refusé d'engager en totalité dans la bataille de France, est intacte :
elle compense son infériorité numérique sur celle des Allemands, la Luftwaffe, par l'excellence de son matériel et de ses équipages. Le radar, invention anglaise, encore secrète en 1940, permet de repérer l'ennemi longtemps à l'avance... et de lui préparer la réception la plus cuisante.
Commencée en juillet 1940, la bataille d'Angleterre atteint sa plus grande intensité au cœur de l'été. Tous les assauts de la Luftwaffe, l'aviation militaire allemande, se heurtent à la farouche résistance des pilotes de la R.A.F., qui perd 1 000 avions mais en abat plus du double.
Certes, les villes anglaises ont durement souffert des bombardements ; mais aucun Allemand, sauf les prisonniers de guerre, n'a réussi à mettre le pied en Angleterre. C'est la première défaite de l'Allemagne nazie et la première victoire des pays de la liberté.

**Winston Churchill (1874-1965)**
Premier Ministre de mai 1940 à juin 1945, il sait, par ses discours à la radio et la conviction avec laquelle il annonce la victoire (le signe V), galvaniser la résistance britannique. Il redevient Premier Ministre pour une courte période en 1955.

**Royal Navy**
Marine Royale, c'est-à-dire flotte de guerre britannique, à l'époque la plus puissante du Monde.

**R.A.F.**
Abréviation de Royal Air Force : aviation militaire britannique.

**Bataille aérienne au-dessus de Londres**
*Volant en formation serrée pour mieux se défendre, les bombardiers allemands Heinkel III bombardent les docks de Londres dans la boucle de la Tamise. Des chasseurs « Spitfire » de la R.A.F. les attaquent.*

# l'Allemagne en échec en URSS

De juin à décembre 1941, malgré
leur courage, les troupes soviétiques
ne peuvent empêcher l'invasion de l'U.R.S.S.
jusqu'aux portes de **Léningrad,**
dont le siège devait durer neuf cents jours,
et de Moscou. Mais, en décembre 1941,
une dernière offensive allemande
qui cherche à prendre Moscou
est brisée par l'armée soviétique.
L'Allemagne y perd le fer de lance
de son armée : ses meilleurs et
irremplaçables équipages de Panzer.
Et pendant tout l'hiver, glacial,
les Russes ripostent, refoulant çà et là
l'envahisseur. En juin 1942, les Allemands
attaquent de nouveau ; dans le Sud,
ils atteignent le milieu du Caucase,
arrivent sur la Volga
et jusqu'en vue de la mer Caspienne.
Mais, de septembre 1942 à février 1943,
l'armée nazie subit à son tour
une deuxième défaite écrasante à **Stalingrad,**
prolongée par une contre-offensive
soviétique. La troisième défaite allemande
se place au milieu de 1943 ;
la dernière grande offensive allemande
est alors rapidement brisée devant Koursk,
où dix mille chars s'affrontèrent
dans la plus grande bataille de blindés
de toute la guerre. Désormais,
la contre-offensive soviétique
ne devait plus s'arrêter : jusqu'à Berlin !

**Léningrad**
Nom donné par les révolutionnaires russes à Petrograd, capitale de l'Empire tsariste de 1703 à 1917. Cette ville a aujourd'hui plus de trois millions d'habitants.

**Stalingrad**
Nom donné par les révolutionnaires russes à l'ancienne ville de Tsaritsyn. Appelée aujourd'hui Volgograd, elle a un million d'habitants.

**Le plus célèbre char soviétique de la guerre, le T.34.**

**A Stalingrad, pendant l'hiver 1942-1943** ➡
*Dans les ruines d'une usine géante où chaque amas de poutrelles tordues est un fortin, les Soviétiques opposent une résistance farouche et finalement victorieuse à l'élite des troupes allemandes.*

# la guerre en Europe

| | |
|---|---|
| ■ (rouge) | Allemagne en 1937 |
| ▬ (vert) | Frontières à la fin de 1939 |
| ■ (orange) | Occupation allemande |
| ➔ (vert) | Contre-offensive alliée |

NORVÈGE

SUÈDE

MER DU NORD

DANEMARK

ROYAUME-UNI

IRLANDE

Londres

Hambourg

ALLEMAGNE

Ber

PAYS-BAS

Dunkerque

BELGIQUE

Buchenwald

Dresde

Normandie

Rhin

Paris

Nuremberg

Mauthause

FRANCE

Dachau

OCÉAN ATLANTIQUE

ligne de démarcation

Vichy

SUISSE

Provence

ITALIE

Rome

PORTUGAL

ESPAGNE

Anz

Sal

MER

Casablanca

ALGÉRIE

Ma

MAROC

TUNISIE

| 0 | 500 | 1 000 km |

Leningrad

*Volga*

Moscou

Koursk

Stalingrad

UNION DES RÉPUBLIQUES

Varsovie

POLOGNE

Auschwitz

SOCIALISTES SOVIÉTIQUES

*Ukraine*

HONGRIE

ROUMANIE

Sébastopol

*MER NOIRE*

YOUGOSLAVIE

*Danube*

BULGARIE

TURQUIE

GRÈCE

SYRIE

*Matapan*

*MÉDITERRANÉE*

JORDANIE

ÉGYPTE

El Alamein

*Nil*

LIBYE

# la guerre devient mondiale

Le 7 décembre 1941, au lever du jour, quatre cents avions japonais décollent de six navires porte-avions et attaquent la principale base navale américaine du Pacifique : Pearl Harbor. Sans déclaration de guerre ; c'est un dimanche : la surprise est complète.

En deux heures, les Japonais ont conquis la maîtrise du Pacifique.

**Roosevelt** fait aussitôt déclarer la guerre par les États-Unis au Japon.

L'offensive japonaise paraît d'abord irrésistible. Les Américains perdent les Philippines ; les Hollandais l'Indonésie ; les Anglais la Malaisie et Singapour. L'Inde est menacée ; l'Australie également. Mais l'élan japonais est brisé par deux grandes batailles aéronavales gagnées par les Américains au printemps 1942 : en mer de Corail, puis devant Midway. Ce sont les deux premières **batailles au-delà de l'horizon.** Les Japonais y perdent leurs meilleurs porte-avions.

A l'automne de 1942, les États-Unis frappent à leur tour. Leur flotte attaque les Japonais dans les îles Salomon. Pendant six mois, de féroces batailles navales, aériennes et terrestres opposent les deux adversaires. Les Japonais finissent par lâcher prise. Ils perdent leur meilleur amiral, Yamamoto, pendant l'été 1943. C'est le début du reflux japonais.

**Franklin Roosevelt (1882-1945)**

Élu pour la première fois président des États-Unis en 1932, il est réélu en 1936, 1940 et 1944. Il meurt en avril 1945, quelques jours avant la victoire des Alliés sur l'Allemagne. Son rôle dans la direction de la Seconde Guerre mondiale a été essentiel.

**Batailles au-delà de l'horizon**

Au cours de ces batailles, aucun des marins restés à bord des deux flottes n'a vu les bateaux de l'autre ; seuls les équipages des avions embarqués ont mené les combats décisifs.

**A Pearl Harbor, le 7 décembre 1941 à l'aube** ➤

*La guerre n'est toujours pas déclarée et c'est dimanche : l'attaque des avions japonais, marqués du disque rouge du « soleil levant » est une surprise complète pour la flotte américaine.*

# tout pour la guerre

Une économie de guerre s'installe. Par tous les moyens,
elle réduit la consommation des civils qu'elle soumet
à des restrictions. Plus rien, ou presque, ne peut plus être acheté
sans ticket ou carte de ravitaillement ;
souvent, après avoir dû faire interminablement la queue.

Les Anglais fabriquent en nombre bombardiers et Spitfires. Protégés par
toute la largeur d'un vaste océan, qui éloigne d'eux la zone où l'on
se bat, les États-Unis deviennent l' « arsenal des démocraties ».
En 1943, ils sont capables de fournir aux combattants,
en un an, 60 000 chars et 90 000 avions.

Ailleurs, on travaille aussi avec acharnement, mais l'on souffre
davantage : les Anglais savent l'ennemi tout proche ;
le territoire soviétique est partiellement envahi.
Dans l'Europe occupée, gares, ports, installations industrielles
et grandes villes s'écroulent dans les flammes, sous les bombes.

# la résistance s'organise

Très vite, le blocus naval des **Alliés** coupe l'Europe occupée par les nazis de ses sources de ravitaillement habituel d'outre-mer : le café, le thé, le cacao, l'huile, mais aussi le sucre, le coton et la laine, le pétrole manquent bientôt. Un rationnement sévère est établi. Cette vie très difficile, surtout en hiver dans les maisons glacées faute de chauffage, c'est le lot du plus grand nombre. N'y échappent que les collaborateurs, favorables aux nazis, et les trafiquants du **marché noir.** Contre les nazis, des réseaux de résistance se tissent patiemment. En liaison, souvent, avec les services alliés, les résistants, dont l'héroïsme compense le petit nombre, cherchent à affaiblir la machine de guerre nazie, par des sabotages, des coups de main lancés depuis les **maquis,** leurs refuges, ou en renseignant les Alliés. Ces « combattants de l'ombre », pourchassés par des polices féroces, courent les plus terribles dangers : l'arrestation, antichambre de la torture pour leur faire dénoncer leurs camarades, de la déportation et de la mort. Des camps de concentration sont créés par les nazis, ils y jettent leurs ennemis intérieurs : opposants de tous bords, en particulier les communistes, et des millions de juifs raflés dans les pays occupés.

**Alliés**
Nom donné aux États qui ont combattu l'Allemagne, le Japon (et leurs propres alliés). Les Alliés les plus importants ont été l'Angleterre, l'U.R.S.S., les États-Unis et la France.

**Marché noir**
Vente et achat interdits par la loi, à des prix très élevés, de produits rationnés.

**Maquis**
Nom donné dans les pays occupés aux régions où se rassemblent des volontaires pour échapper à l'ennemi et le combattre.

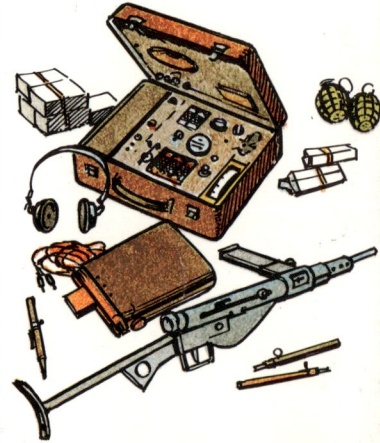

**L'outillage du résistant**

**L'arrivée de déportés dans un camp de concentration**
*Pour ces déportés, après un voyage atroce, le pire est encore à venir : le travail épuisant, la faim, et souvent la mort dans la chambre à gaz. Partout présents, les gardiens S.S., troupes d'élite recrutées parmi les nazis les plus convaincus.*

# victoires en Méditerranée

Dans l'enthousiasme de sa victoire de 1940, l'Allemagne n'a pas tardé à venir appuyer l'Italie, son alliée, en Méditerranée.

Les Anglais verrouillent cette mer à ses deux extrémités et en son milieu, par leurs bases de Gibraltar, de Malte, et d'Égypte. Mais la flotte et l'aviation de Mussolini sont puissantes.

Les Anglais, pendant plus d'un an, restent seuls à les combattre.

Pleins d'audace, ils coulent une partie de la flotte italienne, à Tarente, en novembre 1940. Mais dès l'année suivante, les Allemands renforcent l'armée italienne de **Libye** par les troupes blindées d'élite de Rommel. Pendant deux ans, ce désert est balayé par de grandes batailles où s'illustrent à Bir Hakeim, les troupes des **F.F.L.** La dernière, à El-Alamein, en Égypte, le 23 octobre 1942, est une grande victoire anglaise. Alors, les Alliés commandés par l'Américain **Eisenhower** réussissent leur premier grand débarquement, le 8 novembre 1942, au Maroc et en Algérie. Les troupes françaises ne tardent pas à les rejoindre pour combattre les Italo-Allemands. L'Italie est désormais menacée.

Pendant ce temps, les sous-marins allemands font subir des pertes effroyables aux convois dont dépend la survie de l'Angleterre.

Mais, après avoir frôlé le désastre en 1942, les Alliés remportent finalement la victoire.

**Libye**
Colonie italienne de l'Afrique du Nord, entre la Tunisie, alors française, et l'Égypte, tenue par les Anglais.

**F.F.L.**
Forces Françaises Libres. Nom donné aux troupes combattant sous les ordres du général de Gaulle, entre la défaite française de 1940 et la Libération de 1944.

**Eisenhower** (1890-1969)
Commandant en chef des forces alliées destinées à débarquer en Afrique du Nord puis en France (6 juin 1944). Le succès de ces opérations fait de lui l'un des grands artisans de la victoire.

**Bataille dans le désert de Libye** ➤
Ici, un convoi motorisé allemand vient de tomber dans une embuscade : des chars rapides anglais « Crusader » parachèvent la victoire, à laquelle ont participé les chasseurs « Spitfire », maîtres du ciel.

# le "jour J"

Depuis leurs premières victoires,
les Allemands ont eu le temps d'édifier
batteries d'artilleries bétonnées, **blockhaus**
et nids de mitrailleuses sur les côtes
de ce qu'ils appellent « le mur
de l'Atlantique de la **forteresse Europe** ».
Les Alliés connaissent le détail
de ces fortifications. Ils savent,
grâce aux photographies prises d'avion
et aux renseignements fournis par
les résistants, qu'elles ne sont à peu près
franchissables que sur le pas de Calais,
à trente kilomètres seulement
des côtes anglaises.
Les Alliés feignent de vouloir frapper
au plus court pour que les nazis
y rassemblent leurs forces...
Et ils attaquent ailleurs : en Normandie.
Le débarquement, parfaitement organisé
et préparé par le commandant en chef
des forces alliées, Eisenhower,
est une éclatante victoire alliée.
Les Allemands résistent, contre-attaquent
furieusement ; en vain. Six semaines
plus tard, leur résistance est brisée.
La libération est en marche :
pour Paris, libérée par la **division
Leclerc,** accourue appuyer les **F.F.I.** ;
pour la France, grâce aussi à un
autre débarquement franco-américain
réussi en Provence le 15 août 1944 ;
et, enfin, pour toute l'Europe occidentale.

**Blockhaus**
Fortification très solide en béton et en acier, largement enterrée, abritant un ou plusieurs canons ou mitrailleuses, ainsi que leurs servants.

**Forteresse Europe**
Nom donné par la propagande nazie à l'Europe occupée par les forces allemandes, et aux fortifications édifiées par elles comme un « mur », sur ses côtes, en particulier sur les côtes de l'Atlantique.

**Division Leclerc**
Également nommée deuxième DB (Division Blindée), c'est une des unités les plus célèbres des F.F.L., commandée par le général Leclerc.

**F.F.I.**
Forces Françaises de l'Intérieur.

**Sur les plages de Normandie, le 6 juin 1944** ➤
*La première vague d'assaut s'était emparée des plages ; voici la deuxième qui donne à l'infanterie l'appui des blindés. Dans le ciel, l'aviation alliée.*

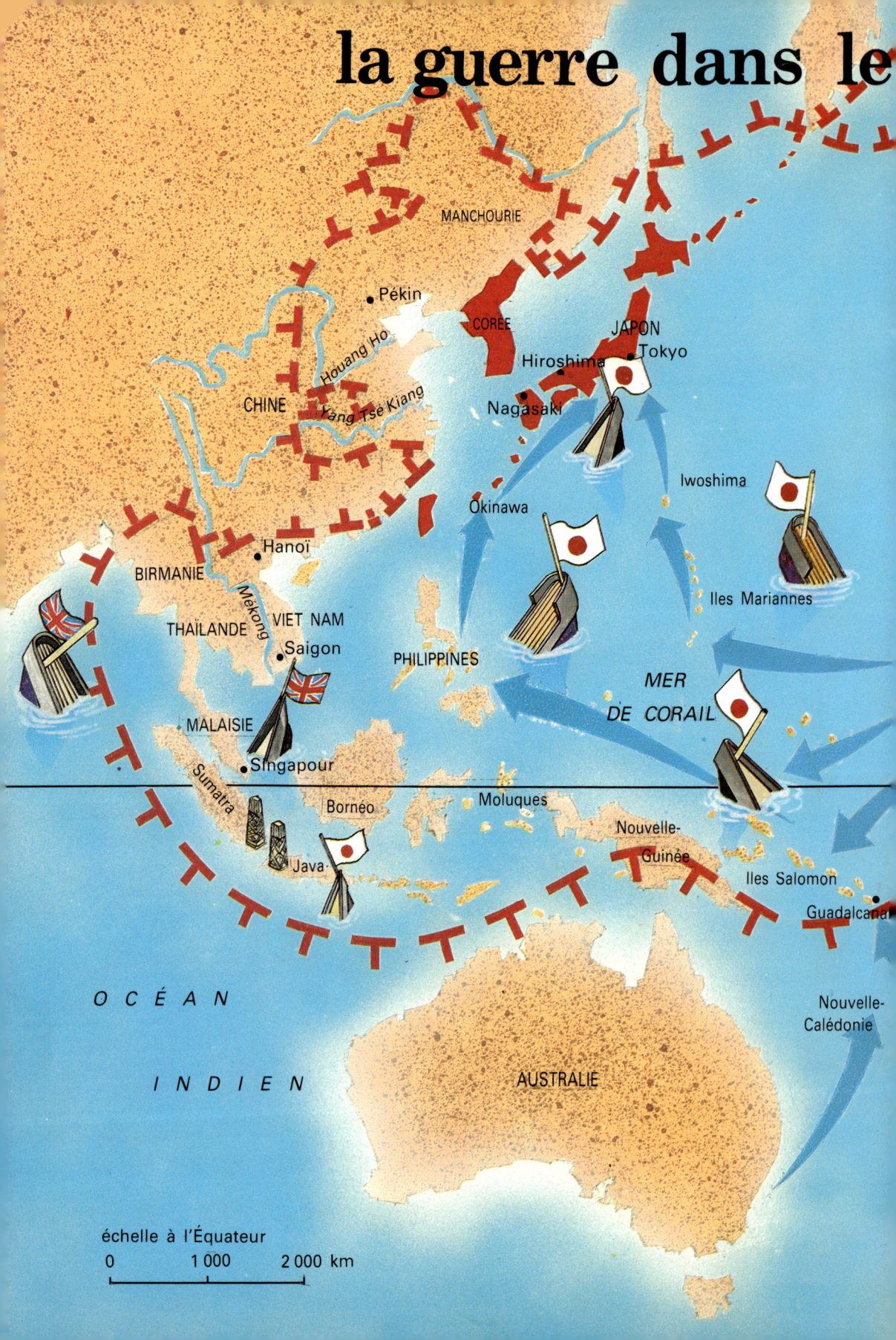

# la guerre dans le

MANCHOURIE

Pékin

Houang Ho

CHINE

Yang Tsé Kiang

CORÉE

JAPON

Tokyo

Hiroshima

Nagasaki

Iwoshima

Okinawa

Iles Mariannes

Hanoï

BIRMANIE

THAÏLANDE

VIET NAM

Saïgon

Mékong

PHILIPPINES

MER
DE CORAIL

MALAISIE

Singapour

Sumatra

Bornéo

Moluques

Nouvelle-
Guinée

Java

Iles Salomon

Guadalcanal

OCÉAN

Nouvelle-
Calédonie

INDIEN

AUSTRALIE

échelle à l'Équateur

0      1 000      2 000 km

# Pacifique

Îles Aléoutiennes

ÉTATS-UNIS

San Francisco

Midway

Îles Hawaï
Pearl Harbor

OCÉAN        PACIFIQUE

Équateur

Nouvelles-
Hébrides

▮ Japon en 1938

➤ Contre-offensive des États-Unis

Ͳ Ͳ Expansion japonaise en août 1942

NOUVELLE-
ZÉLANDE

◣ Victoires aéronavales :  japonaises

américaines

# les kamikazes

Au début de 1944, la flotte américaine s'enrichit chaque mois de deux ou trois porte-avions neufs :
en septembre 1945, elle en a environ 130. L'escadre américaine peut désormais déchaîner plus de mille avions embarqués à la fois.
Les Japonais, au contraire, ont difficilement compensé leurs pertes, et, surtout leurs nouveaux équipages sont très loin de valoir les anciens.
La contre-offensive américaine commence au début 1944, conduite par l'amiral **Nimitz** et le général MacArthur.
Objectif : les Philippines, pour couper le Japon de ses conquêtes et des richesses pillées dans les archipels du Pacifique sud.
En même temps, les sous-marins américains paralysent la machine de guerre japonaise en coulant ses bateaux marchands.
Les Japonais perdent les deux gigantesques batailles aéronavales des Mariannes, et des Philippines en juin puis octobre 1944.
Le Japon croule sous les bombes.
Dès lors, ses dirigeants n'ont plus qu'un espoir : dégoûter les Américains de débarquer au Japon même, grâce aux attaques de 8 000 **kamikazes.**
Deux **bombes atomiques** américaines détruisent Hiroshima puis Nagasaki les 6 et 9 août 1945. L'U.R.S.S., à son tour, déclare la guerre au Japon qui doit capituler le 2 septembre 1945.

**Chester Nimitz (1885-1966)**
Amiral commandant en chef la flotte américaine du Pacifique depuis le lendemain du désastre de Pearl Harbor (1941) jusqu'à la victoire sur le Japon (1945). Les forces sous ses ordres comptent alors 6 500 navires et 5 000 avions. Avec le général MacArthur, il est le principal artisan de la victoire militaire sur le Japon.

**Kamikaze**
« Vent divin ». Nom donné par les Japonais aux « avions-suicide » que leur pilote a fait serment de conduire jusqu'à l'écrasement sur l'objectif ennemi.

**Bombe atomique**
Arme nouvelle fondée sur la désintégration de l'atome d'uranium ou de plutonium ; en 1945, elle est 1 000 fois plus puissante que les bombes classiques les plus grosses. A Hiroshima, une seule bombe tua environ 300 000 personnes.

**Sous les coups des kamikazes** ➤
*Un porte-avions de la marine américaine est frappé par une bombe volante, pilotée par un kamikaze, qui explose au pied du mât. Au même moment, un autre kamikaze s'écrase sur le malheureux navire, achevant de le mettre hors de combat.*

# l'Allemagne capitule

Même après le débarquement, le poids principal de la guerre en Europe repose sur l'U.R.S.S., **Staline** réclame avec obstination à ses alliés occidentaux un second front, sans véritable succès jusqu'en juin 1944. Depuis 1943, été comme hiver, l'armée soviétique va de l'avant. Animés par le désir de venger les horreurs accumulées par les envahisseurs, aidés par un matériel excellent et abondant, les soldats soviétiques contraignent les Allemands à des reculs successifs. Après le territoire de l'U.R.S.S., libéré dès l'hiver 1943-1944, vient le tour des régions plus à l'ouest : Pologne, États baltes, balkaniques et danubiens. La résistance allemande, qui a rassemblé le gros de ses forces à l'est, reste acharnée. Jusqu'au bout, soldats, jeunes gens et vieux défendent les barricades édifiées dans les villes en ruine. Le 15 avril 1945, commence la bataille de Berlin : 46 000 bouches à feu et 10 000 avions ouvrent la voie aux troupes des maréchaux soviétiques Joukov et Koniev. Hitler et ses proches se suicident au moment où la bataille s'achève par un dernier désastre allemand. Le 8 mai 1945, l'Allemagne capitule. La guerre est finie en Europe.

**Staline (1879-1953)**
Militant révolutionnaire à l'époque tsariste, il devient l'un des dirigeants du parti communiste après la conquête du pouvoir par Lénine en octobre 1917.
Successeur de Lénine à la tête de l'U.R.S.S. à partir de 1924, il devient maréchal pendant la Seconde Guerre mondiale, et responsable des opérations militaires et de la politique de son pays. Staline a organisé des « purges » sanglantes pour éliminer ses rivaux.

**Derniers combats dans une ville de l'Allemagne envahie**

*Derrière une modeste barricade de fortune, s'affairent de bien curieux défenseurs à l'armement disparate.*
*Un char soviétique flambe à quelques mètres. Quant au ciel, il est russe à l'est, comme il est anglo-américain à l'ouest.*

# 60 millions de morts

En Allemagne, les deux tiers des habitations disponibles sont détruites. La situation est encore pire là où l'on s'est longuement battu : à Stalingrad, à Varsovie, à Caen, au mont Cassin... Et que dire des ruines morales ? Le nazisme avait mobilisé et embrigadé toutes les forces à sa disposition pour soumettre à l'esclavage des populations entières. Parmi elles, les nazis avaient entrepris d'anéantir celles qu'ils avaient déclarées « racialement inférieures » : les Juifs et les Tsiganes, ou « socialement nuisibles » : les communistes. Devant pareilles horreurs, les Alliés n'ont cessé de renforcer leur coopération, au cours de conférences entre les **trois Grands** à Téhéran, en 1943, à Yalta et Potsdam, en 1945. Une fois vainqueurs, les Alliés ont fait passer en jugement tous les chefs nazis dont ils avaient pu s'emparer vivants. Le procès eut lieu en 1946 à Nuremberg devant un tribunal interallié. Il fallait démontrer que la justice et le droit finissent par l'emporter sur la violence et l'**iniquité.** La carte de l'Europe d'aujourd'hui, née de la défaite nazie, suffit à l'illustrer : l'Allemagne en est sortie mutilée, et sa principale victime, l'U.R.S.S., très agrandie.

**Trois Grands**
On désigne ainsi les trois grandes puissances alliées : les États-Unis, la Grande-Bretagne et l'U.R.S.S.

**Iniquité**
Injustice, acte coupable.

**Le partage de l'Europe au lendemain de la guerre.**

**A Nuremberg, le procès des criminels de guerre nazis :** *Dans la ville même où douze ans plus tôt Hitler et ses complices avaient célébré leurs premiers triomphes, le maréchal Goering, debout, lit au micro un texte pour se défendre. A ses côtés, des généraux et des hauts dignitaires civils du parti nazi. Devant eux, les avocats, écouteurs aux oreilles, reçoivent la traduction instantanée des paroles prononcées.*